EUROPA, Vox populi

David Andries

ISBN:1492769479
ISBN-13: 978-1492769477

EUROPA,VOX POPULI.

(La voix du peuple européen)

La voix du peuple de l'Europe.

Chers parlementaires européens voici ce que nous vivons, ce que nous endurons et ce que nous espérons pour notre avenir. Nous voulons une Europe humaniste et solidaire.

The voice of the people of Europe.

Dear Member of the European Parliament. Here's what we live, what we endure and what we hope for our future. We want a Europe of humanism and solidarity.La voz de los pueblos de Europa.

La voz de los pueblos de Europa.

Estimado miembro del Parlamento Europeo. Esto es lo que vivimos, lo que sufrimos y lo que esperamos para nuestro futuro. Queremos una Europa del humanismo y la solidaridad.

Głos ludu Europy.

Szanowny poseł do Parlamentu Europejskiego. Oto co żyjemy, co znieść i co mamy nadzieję na przyszłość. Chcemy Europy, humanizmu i solidarności.

Η φωνή του λαού της Ευρώπης.

Αγαπητέ βουλευτή του Ευρωπαϊκού Κοινοβουλίου. Εδώ είναι αυτό που ζούμε, αυτό που υπομένουν και αυτό που ελπίζουμε για το μέλλον μας. Θέλουμε μια Ευρώπη του ανθρωπισμού και της αλληλεγγύης.

De stem van het volk van Europa.

Geachte leden van het Europees Parlement. Hier is wat wij leven, wat we doorstaan en wat we hopen voor onze toekomst. Wij willen een Europa van humanisme en solidariteit.

Rösten av Europas folk.

Bäste ledamot av Europaparlamentet. Här är vad vi lever, vad vi uthärda och vad vi hoppas för vår framtid. Vi vill ha ett Europa av humanism och solidaritet.

La voce del popolo d'Europa.

Caro membro del Parlamento europeo. Ecco ciò che viviamo, ciò che noi sopportiamo e quello che ci auguriamo per il nostro futuro. Vogliamo un'Europa di umanesimo e solidarietà.

A voz dos povos da Europa.

Caro membro do Parlamento Europeu. Aqui está o que vivemos, o que suportar e que esperamos para o nosso futuro. Queremos uma Europa do humanismo e da solidariedade.

Hlas lidu Evropy.

Vážený poslanec Evropského parlamentu. Zde je to, co žijeme, jaké máme vydržet a co doufáme, že pro naši budoucnost. Chceme Evropu, humanismu a solidarity.

Az a nép hangja Európában.

Kedves tagja az Európai Parlamentnek. Itt van, amit élünk, amit elviselni, és mi reméljük, a jövőnket. Egy olyan Európát akarunk a humanizmus és a szolidaritás.

Hlas ľudu Európy.

Vážený poslanec Európskeho parlamentu. Tu je to, čo žijeme, aké máme vydržať a čo dúfame, že pre našu budúcnosť. Chceme Európu, humanizmu a solidarity.

Глас народа Европы.

Уважаемый член Европейского парламента. Вот то, что мы живем, что мы терпеть и то, что мы надеемся, для нашего будущего. Мы хотим, чтобы Европа гуманизма и солидарности.

Die Stimme der Menschen in Europa.

Sehr geehrtes Mitglied des Europäischen Parlaments. Hier ist, was wir leben, was wir aushalten und was wir hoffen, für unsere Zukunft. Wir wollen ein Europa der Humanität und Solidarität.

Twitter : https://twitter.com/europavoxpopuli

Parlement Européen

Rue Wiertz

B-1047 Brussels (belgium)

Country : __________ City__________

....
....
....
....
....
....
....
....
....
....
....
....
....
....
....
....
....
....
....
....
....
....
....
....
....
....
....
....
.... First name:

Country : ___________ City___________

....
....
....
....
....
....
....
....
....
....
....
....
....
....
....
....
....
....
....
....
....
....
....
....
....
....
....
....
.... First name:

Country : ___________ City___________

....
....
....
....
....
....
....
....
....
....
....
....
....
....
....
....
....
....
....
....
....
....
....
....
....
....
....
....
.... First name:

Country : ___________ City___________

....
....
....
....
....
....
....
....
....
....
....
....
....
....
....
....
....
....
....
....
....
....
....
....
....
....
....
....
.... First name:

Country : ___________ City___________

....
....
....
....
....
....
....
....
....
....
....
....
....
....
....
....
....
....
....
....
....
....
....
....
....
....
....
....
.... First name:

Country : ___________ City___________

....
....
....
....
....
....
....
....
....
....
....
....
....
....
....
....
....
....
....
....
....
....
....
....
....
....
....
....

…………… First name:

Country : __________ City__________

....
....
....
....
....
....
....
....
....
....
....
....
....
....
....
....
....
....
....
....
....
....
....
....
....
....
....
....
.... First name:

Country : ___________ City___________

....
....
....
....
....
....
....
....
....
....
....
....
....
....
....
....
....
....
....
....
....
....
....
....
....
....
....
....

.... First name:

Country : __________ City__________

....
....
....
....
....
....
....
....
....
....
....
....
....
....
....
....
....
....
....
....
....
....
....
....
....
....
....
....

.... First name:

Country : __________ City__________

....

....

....

....

....

....

....

....

....

....

....

....

....

....

....

....

....

....

....

....

....

....

....

....

....

....

....

....

.... First name:

Country : __________ City__________

....
....
....
....
....
....
....
....
....
....
....
....
....
....
....
....
....
....
....
....
....
....
....
....
....
....
....
....
.... First name:

Country : ___________ City___________

....
....
....
....
....
....
....
....
....
....
....
....
....
....
....
....
....
....
....
....
....
....
....
....
....
....
....
....
.... First name:

Country : __________ City__________

....

....

....

....

....

....

....

....

....

....

....

....

....

....

....

....

....

....

....

....

....

....

....

....

....

....

....

....

.... First name:

Country : ___________ City___________

....
....
....
....
....
....
....
....
....
....
....
....
....
....
....
....
....
....
....
....
....
....
....
....
....
....
....
....
.... First name:

Country : __________ City__________

……………………………………………………………………
……………………………………………………………………
……………………………………………………………………
……………………………………………………………………
……………………………………………………………………
……………………………………………………………………
……………………………………………………………………
……………………………………………………………………
……………………………………………………………………
……………………………………………………………………
……………………………………………………………………
……………………………………………………………………
……………………………………………………………………
……………………………………………………………………
……………………………………………………………………
……………………………………………………………………
……………………………………………………………………
……………………………………………………………………
……………………………………………………………………
……………………………………………………………………
……………………………………………………………………
……………………………………………………………………
……………………………………………………………………
……………………………………………………………………
……………………………………………………………………
……………………………………………………………………
……………………………………………………………………
……………………………………………………………………
………….. First name:

Country : ____________ City____________

....
....
....
....
....
....
....
....
....
....
....
....
....
....
....
....
....
....
....
....
....
....
....
....
....
....
....
....
.... First name:

Country : ___________ City___________

....
....
....
....
....
....
....
....
....
....
....
....
....
....
....
....
....
....
....
....
....
....
....
....
....
....
....
....
.... First name:

Country : __________ City__________

....
....
....
....
....
....
....
....
....
....
....
....
....
....
....
....
....
....
....
....
....
....
....
....
....
....
....
....
.... First name:

Country : __________ City__________

....
....
....
....
....
....
....
....
....
....
....
....
....
....
....
....
....
....
....
....
....
....
....
....
....
....
....
....
.... First name:

Country : __________ City__________

....
....
....
....
....
....
....
....
....
....
....
....
....
....
....
....
....
....
....
....
....
....
....
....
....
....
....
....
.... First name:

Country : ___________ City___________

....
....
....
....
....
....
....
....
....
....
....
....
....
....
....
....
....
....
....
....
....
....
....
....
....
....
....
....
.... First name:

Country : __________ City__________

....
....
....
....
....
....
....
....
....
....
....
....
....
....
....
....
....
....
....
....
....
....
....
....
....
....
....
....

.... First name:

Country : __________ City__________

....

....

....

....

....

....

....

....

....

....

....

....

....

....

....

....

....

....

....

....

....

....

....

....

....

....

....

....

.... First name:

Country : __________ City__________

....
....
....
....
....
....
....
....
....
....
....
....
....
....
....
....
....
....
....
....
....
....
....
....
....
....
....
....
....
.... First name:

Country : __________ City__________

....
....
....
....
....
....
....
....
....
....
....
....
....
....
....
....
....
....
....
....
....
....
....
....
....
....
....
....
.... First name:

Country : __________ City__________

....
....
....
....
....
....
....
....
....
....
....
....
....
....
....
....
....
....
....
....
....
....
....
....
....
....
....
....
.... First name:

Country : __________ City__________

……………………………………………………………………………
……………………………………………………………………………
……………………………………………………………………………
……………………………………………………………………………
……………………………………………………………………………
……………………………………………………………………………
……………………………………………………………………………
……………………………………………………………………………
……………………………………………………………………………
……………………………………………………………………………
……………………………………………………………………………
……………………………………………………………………………
……………………………………………………………………………
……………………………………………………………………………
……………………………………………………………………………
……………………………………………………………………………
……………………………………………………………………………
……………………………………………………………………………
……………………………………………………………………………
……………………………………………………………………………
……………………………………………………………………………
……………………………………………………………………………
……………………………………………………………………………
……………………………………………………………………………
……………………………………………………………………………
……………………………………………………………………………
……………………………………………………………………………
……………………………………………………………………………
…………… First name:

Country : __________ City__________

....
....
....
....
....
....
....
....
....
....
....
....
....
....
....
....
....
....
....
....
....
....
....
....
....
....
....
....
.... First name:

Country : ___________ City___________

....
....
....
....
....
....
....
....
....
....
....
....
....
....
....
....
....
....
....
....
....
....
....
....
....
....
....
....
.... First name:

Country : __________ City__________

.... First name:

Country : __________ City__________

....
....
....
....
....
....
....
....
....
....
....
....
....
....
....
....
....
....
....
....
....
....
....
....
....
....
....
....
.... First name:

Country : ___________ City___________

....
....
....
....
....
....
....
....
....
....
....
....
....
....
....
....
....
....
....
....
....
....
....
....
....
....
....
....
.... First name:

Country : ___________ City___________

....
....
....
....
....
....
....
....
....
....
....
....
....
....
....
....
....
....
....
....
....
....
....
....
....
....
....
....
.... First name:

Country : ___________ City___________

....
....
....
....
....
....
....
....
....
....
....
....
....
....
....
....
....
....
....
....
....
....
....
....
....
....
....
....
.... First name:

Country : ____________ City____________

....
....
....
....
....
....
....
....
....
....
....
....
....
....
....
....
....
....
....
....
....
....
....
....
....
....
....
....
.... First name:

Country : ___________ City___________

....

....

....

....

....

....

....

....

....

....

....

....

....

....

....

....

....

....

....

....

....

....

....

....

....

....

....

....

.... First name:

Country : __________ City__________

....

....

....

....

....

....

....

....

....

....

....

....

....

....

....

....

....

....

....

....

....

....

....

....

....

....

....

....

.... First name:

Country : __________ City__________

....
....
....
....
....
....
....
....
....
....
....
....
....
....
....
....
....
....
....
....
....
....
....
....
....
....
....
....
.... First name:

Country : __________ City__________

....
....
....
....
....
....
....
....
....
....
....
....
....
....
....
....
....
....
....
....
....
....
....
....
....
....
....
....

.... First name:

Country : ___________ City___________

....

....

....

....

....

....

....

....

....

....

....

....

....

....

....

....

....

....

....

....

....

....

....

....

....

....

....

....

.... First name:

Country : ___________ City___________

....
....
....
....
....
....
....
....
....
....
....
....
....
....
....
....
....
....
....
....
....
....
....
....
....
....
....
....
.... First name:

Country : __________ City__________

....

....

....

....

....

....

....

....

....

....

....

....

....

....

....

....

....

....

....

....

....

....

....

....

....

....

....

....

.... First name:

Country : ___________ City___________

....
....
....
....
....
....
....
....
....
....
....
....
....
....
....
....
....
....
....
....
....
....
....
....
....
....
....
....
.... First name:

Country : __________ City__________

....
....
....
....
....
....
....
....
....
....
....
....
....
....
....
....
....
....
....
....
....
....
....
....
....
....
....
....
.... First name:

Country : ___________ City___________

....
....
....
....
....
....
....
....
....
....
....
....
....
....
....
....
....
....
....
....
....
....
....
....
....
....
....
....
.... First name:

Country : __________ City__________

....

....

....

....

....

....

....

....

....

....

....

....

....

....

....

....

....

....

....

....

....

....

....

....

....

....

....

....

.... First name:

Country : __________ City__________

....
....
....
....
....
....
....
....
....
....
....
....
....
....
....
....
....
....
....
....
....
....
....
....
....
....
....
....
.... First name:

Country : ___________ City___________

....
....
....
....
....
....
....
....
....
....
....
....
....
....
....
....
....
....
....
....
....
....
....
....
....
....
....
....
.... First name:

Country : ___________ City___________

....

....

....

....

....

....

....

....

....

....

....

....

....

....

....

....

....

....

....

....

....

....

....

....

....

....

....

....

.... First name:

Country : ___________ City___________

....
....
....
....
....
....
....
....
....
....
....
....
....
....
....
....
....
....
....
....
....
....
....
....
....
....
....
....
.... First name:

Country : __________ City__________

....
....
....
....
....
....
....
....
....
....
....
....
....
....
....
....
....
....
....
....
....
....
....
....
....
....
....
....
.... First name:

Country : __________ City__________

....
....
....
....
....
....
....
....
....
....
....
....
....
....
....
....
....
....
....
....
....
....
....
....
....
....
....
....
.... First name:

Country : ___________ City___________

....
....
....
....
....
....
....
....
....
....
....
....
....
....
....
....
....
....
....
....
....
....
....
....
....
....
....
....

.... First name:

Country : ___________ City___________

....
....
....
....
....
....
....
....
....
....
....
....
....
....
....
....
....
....
....
....
....
....
....
....
....
....
....
....
.... First name:

Country : ___________ City___________

....
....
....
....
....
....
....
....
....
....
....
....
....
....
....
....
....
....
....
....
....
....
....
....
....
....
....
....
.... First name:

Country : ___________ City___________

....
....
....
....
....
....
....
....
....
....
....
....
....
....
....
....
....
....
....
....
....
....
....
....
....
....
....
....
.... First name:

Country : ___________ City___________

....
....
....
....
....
....
....
....
....
....
....
....
....
....
....
....
....
....
....
....
....
....
....
....
....
....
....
....
.... First name:

Country : __________ City__________

....
....
....
....
....
....
....
....
....
....
....
....
....
....
....
....
....
....
....
....
....
....
....
....
....
....
....
....
.... First name:

Country : ___________ City___________

....
....
....
....
....
....
....
....
....
....
....
....
....
....
....
....
....
....
....
....
....
....
....
....
....
....
....
....
.... First name:

Country : ___________ City___________

....
....
....
....
....
....
....
....
....
....
....
....
....
....
....
....
....
....
....
....
....
....
....
....
....
....
....
....

.... First name:

Country : __________ City__________

....
....
....
....
....
....
....
....
....
....
....
....
....
....
....
....
....
....
....
....
....
....
....
....
....
....
....
....

.... First name:

Country : ___________ City___________

....
....
....
....
....
....
....
....
....
....
....
....
....
....
....
....
....
....
....
....
....
....
....
....
....
....
....
....
.... First name:

Country : __________ City__________

....
....
....
....
....
....
....
....
....
....
....
....
....
....
....
....
....
....
....
....
....
....
....
....
....
....
....
....
.... First name:

Country : __________ City__________

....
....
....
....
....
....
....
....
....
....
....
....
....
....
....
....
....
....
....
....
....
....
....
....
....
....
....
....
.... First name:

Country : __________ City__________

....
....
....
....
....
....
....
....
....
....
....
....
....
....
....
....
....
....
....
....
....
....
....
....
....
....
....
....
.... First name:

Country : ___________ City___________

....
....
....
....
....
....
....
....
....
....
....
....
....
....
....
....
....
....
....
....
....
....
....
....
....
....
....
....

.... First name:

Country : ___________ City___________

....
....
....
....
....
....
....
....
....
....
....
....
....
....
....
....
....
....
....
....
....
....
....
....
....
....
....
....
.... First name:

Country : ___________ City___________

....

....

....

....

....

....

....

....

....

....

....

....

....

....

....

....

....

....

....

....

....

....

....

....

....

....

....

....

.... First name:

Country : __________ City__________

....
....
....
....
....
....
....
....
....
....
....
....
....
....
....
....
....
....
....
....
....
....
....
....
....
....
....
....
.... First name:

Country : __________ City__________

....

....

....

....

....

....

....

....

....

....

....

....

....

....

....

....

....

....

....

....

....

....

....

....

....

....

....

....

.... First name:

Country : __________ City__________

....

....

....

....

....

....

....

....

....

....

....

....

....

....

....

....

....

....

....

....

....

....

....

....

....

....

....

....

.... First name:

Country : __________ City__________

....
....
....
....
....
....
....
....
....
....
....
....
....
....
....
....
....
....
....
....
....
....
....
....
....
....
....
....
.... First name:

Country : ___________ City___________

....
....
....
....
....
....
....
....
....
....
....
....
....
....
....
....
....
....
....
....
....
....
....
....
....
....
....
....
.... First name:

Country : ___________ City___________

.... First name:

Country : ____________ City____________

....
....
....
....
....
....
....
....
....
....
....
....
....
....
....
....
....
....
....
....
....
....
....
....
....
....
....
....
.... First name:

Country : __________ City__________

....
....
....
....
....
....
....
....
....
....
....
....
....
....
....
....
....
....
....
....
....
....
....
....
....
....
....
....
.... First name:

Country : __________ City__________

....
....
....
....
....
....
....
....
....
....
....
....
....
....
....
....
....
....
....
....
....
....
....
....
....
....
....
....
.... First name:

Country : ____________ City____________

....
....
....
....
....
....
....
....
....
....
....
....
....
....
....
....
....
....
....
....
....
....
....
....
....
....
....
....
.... First name:

Country : ____________ City____________

....
....
....
....
....
....
....
....
....
....
....
....
....
....
....
....
....
....
....
....
....
....
....
....
....
....
....
....
.... First name:

Country : ___________ City___________

....
....
....
....
....
....
....
....
....
....
....
....
....
....
....
....
....
....
....
....
....
....
....
....
....
....
....
....
.... First name:

Country : ___________ City___________

....
....
....
....
....
....
....
....
....
....
....
....
....
....
....
....
....
....
....
....
....
....
....
....
....
....
....
....
.... First name:

Country : ___________ City___________

....
....
....
....
....
....
....
....
....
....
....
....
....
....
....
....
....
....
....
....
....
....
....
....
....
....
....
....
.... First name:

Country : __________ City__________

....
....
....
....
....
....
....
....
....
....
....
....
....
....
....
....
....
....
....
....
....
....
....
....
....
....
....
....
.... First name:

Country : ___________ City___________

....
....
....
....
....
....
....
....
....
....
....
....
....
....
....
....
....
....
....
....
....
....
....
....
....
....
....
....
.... First name:

Country : __________ City__________

....

....

....

....

....

....

....

....

....

....

....

....

....

....

....

....

....

....

....

....

....

....

....

....

....

....

....

....

.... First name:

Country : __________ City__________

....
....
....
....
....
....
....
....
....
....
....
....
....
....
....
....
....
....
....
....
....
....
....
....
....
....
....
....
.... First name:

Country : ___________ City___________

....
....
....
....
....
....
....
....
....
....
....
....
....
....
....
....
....
....
....
....
....
....
....
....
....
....
....
....
.... First name:

Country : ___________ City___________

....
....
....
....
....
....
....
....
....
....
....
....
....
....
....
....
....
....
....
....
....
....
....
....
....
....
....
....
.... First name:

Country : ___________ City___________

....
....
....
....
....
....
....
....
....
....
....
....
....
....
....
....
....
....
....
....
....
....
....
....
....
....
....
....

.... First name:

Country : ___________ City___________

....
....
....
....
....
....
....
....
....
....
....
....
....
....
....
....
....
....
....
....
....
....
....
....
....
....
....
....
.... First name:

Country : __________ City__________

....
....
....
....
....
....
....
....
....
....
....
....
....
....
....
....
....
....
....
....
....
....
....
....
....
....
....
....
.... First name:

Country : __________ City__________

.... First name:

Country : __________ City__________

....
....
....
....
....
....
....
....
....
....
....
....
....
....
....
....
....
....
....
....
....
....
....
....
....
....
....
....

.... First name:

Parlement Européen

Rue Wiertz

B-1047 Brussels (Belgium)